मंड़ळी माँ

अशोक कुमार पाठक

notionpress
.com

INDIA · SINGAPORE · MALAYSIA

ISBN 979-8-89067-667-2

Contents

सादर समर्पण

चिर वन्दनीया ''माई'', - अपनी पुण्य - श्लोका दादी, श्रीमती दलवेशर देवी की पावन स्मृति को, जिनकी ऐकान्तिक छत्रच्छाया में मेरा लालन-पालन हुआ। जिनकी सभी परिजनों के प्रति स्नेहशीलता असीम थी पर अनेक लोग यही मानते रहे कि उनका सर्वाधिक दुलार ''चुन्नू'' यानी मेरे प्रति सुरक्षित रहा।

– अशोक कुमार पाठक

दो शब्द

मैं नहीं जानता कि मेरे इस प्रयास को मूर्धन्य साहित्यकार और विद्वज्जन से स्वीकृति मिलेगी या नहीं फिर भी, मैने लेखन का प्रयास किया है। आप सबका जो भी निर्णय होगा मुझे स्वीकार है।

मेरे हृदय में जब कभी रामायण के पात्रों के बारे में ख्याल आता था तो यही प्रश्न उठता था कि कैकेयी राम, भरत, लक्ष्मण, शत्रुध्न के जन्म से लेकर उनके युवा होने तक कोई भेद नहीं करती थी, उनको अपने पुत्र भरत से ज्यादा अनुराग और स्नेह राम के प्रति था, और उन चारों के लालन-पालन में भी उनका योगदान सबसे ज्यादा रहा। यदि कहा जाए कि राम को मर्यादा पुरुषोत्तम बनाए जाने के लिए उनके ही द्वारा नींव रखी गयी तो यह अतिशयोक्ति नहीं होगी। कैकेयी यह अच्छी तरह जानती थी कि राम भाइयों में ज्येष्ठ है तो राजगद्दी का सहजाधिकार उसका ही है तो अचानक राम को युवराज घोषित करने की तिथि के निर्धारण के पश्चात् उसका मन बदलना निश्चित् रूप से कुछ रहस्य की ओर इंगित करता है। कैकेयी एक विदुषी महिला थी जो राजा दशरथ के राजकाज में भी मदद करती थी। यहाँतक कि देवासुर संग्राम में देवताओं की ओर से राजा दशरथ के साथ युद्ध में भी भाग लेने गयी थी। ऐसा कार्य किसी साधारण महिला द्वारा नहीं किया जा सकता था। इसी विन्दु को आधार मानकर इस पुस्तक की रचना की गयी है।

अन्त में, यह कहना उचित लगता है कि मँझली माँ के चरित्र को पाठकों के समक्ष प्रस्तुत करने में तथा अन्य पात्रों को गढ़ने में जिन तर्कों का आश्रय लिया गया है उनमें कहाँतक सफलता मिली यह आपकी विवेचना का विषय है।

इस रचना के विषय में आपकी प्रतिक्रिया की अपेक्षा रहेगी।

– अशोक कुमार पाठक

आभार

पुस्तक को लिखने के पश्चात, छपाई की समस्या थी क्योंकि पुस्तक प्रकाशन का अनुभव नहीं था।

सबसे पहले, इसे टंकित कराने की समस्या आई लेकिन हमारे कार्यालय में प्रतिनियुक्त, प्रकाश परियार और मदन यादव से प्रभूत सहायता मिली। मैं उनका आभारी हूँ।

मैं जो कहना चाहता था वह अंकित हो रहा कि नहीं उसमें परामर्श के लिए डॉ० सुनीता गुप्ता, प्राध्यापिका हिन्दी का, मैं विशेष आभारी हूँ।

पुस्तक की रचना से लेकर इसके छपने तक, मैं अपने पत्रकार मित्र, रजत गुप्ता का आभारी हूँ जिन्होने मेरे अन्दर के रचनाकार को सुप्त नही होने दिया और पुस्तक के लिखने से छपने तक भरपूर सहयोग प्रदान किया।

आप देखेंगे कि पुस्तक में संवेदनाएँ अधिकता से अभिव्यक्त हैं। मुझे चरित्रों के समुचित प्रकटीकरण पर संकेन्द्रित होना था। इसके लिए मुझे एक ऐसे सृजनशील मूर्धन्य साहित्यसेवी की आवश्यकता थी मेरे श्रद्धेय चाचा, श्री ब्रजकिशोर पाठक, जिन्होने, भागलपुर विश्वविद्यालय से द्वयस्वर्ण पदक प्राप्त किये हैं और बिहार प्रशासनिक सेवा के उच्च पद से सेवा-निवृत हैं। उन्होने अबतक अनेक पुस्तकों की रचना की है तथा विभिन्न स्तरीय अनेक पुरस्कार

प्राप्त किये हैं। इनसे अच्छा परामर्श देने वाला कहां मिलता? उन्होने पुस्तक की पाण्डुलिपि को देख कर समुचित संशोधन सुझाया और परामर्श दिया। उनके प्रति मेरा विनम्र प्रणाम।

मेरे पुत्र संजीव, बहू अपराजिता, पुत्री प्रिया एवं जमाता निलय ने भी बहुविध सहयोग दिए। जिसके फलस्वरूप पुस्तक प्रकाशित हो रही है। उन्हें मेरे अशेष आशीर्वाद।

धर्मपत्नी सविता जो इस पुस्तक की प्रथम श्रोता और आलोचिका हैं, मैं धन्यवाद देता हूँ।

अन्त में, सभी शुभचिंतकों और प्रकाशन से जुड़ी इकाई के प्रति आभार व्यक्त करता हूँ।

– अशोक कुमार पाठक

शुभशंसा

भारतीय संस्कृति में त्रेता के नायक राम के जन्म का महत् उद्देश्य दानवों के अत्याचार से मनुष्य मात्र को त्राण दिलाना था और इसके लिए उनका वन-गमन अनिवार्य था। राम भी इससे अवगत थे और वे हृदय से इसके लिए समुत्सुक भी थे। दूसरी तरफ, वे न-मात्र अपने पिता राजा दशरथ को प्राणों से अधिक प्रिय थे वरन् अन्य परिजन-पुरजन भी उनपर जान न्योछावर करते थे। अनुज भरत, लक्ष्मण और शत्रुघ्न उनके एक इशारे पर कुछ भी करने को तैयार थे। उल्लेखनीय है कि सगी माँ - कौशल्या से अधिक वे मँझली माता कैकेयी- जो वास्तव में भरत की माँ थीं की आँखों के तारे थे। स्वाभाविक है उनका - वन गमन किसी को भी स्वीकार्य नहीं था।

तुलसीकृत रामचरित मानस में कथा यह है कि कैकेयी की दासी मंथरा को माध्यम बनाकर वाणी की देवी सरस्वती ने कैकेयी द्वारा राजा दशरथ से राम के लिए चौदह वर्षों का वनवास और उनकी जगह भरत के लिए राज्य सिंहासन की माँग करवायी थी और उनकी इस माँग की पूर्ति के लिए राम और उनके साथ लक्ष्मण तथा पत्नी सीता ने भी वन के लिए प्रस्थान किया था जिसके फलस्वरूप पुत्र शोक में राजा दशरथ ने मृत्यु का वरण किया था। ननिहाल से लौटने के उपरान्त ग्लानिग्रस्त भरत द्वारा माँ की गंभीर भर्त्सना की गयी और फिर राम को वापस लाने के लिए उन्होंने अयोध्या की सेना एवं

नगरवासियों के साथ चित्रकूट के लिए प्रस्थान किया पर मर्यादा पुरुषोत्तम राम ने मृत पिता द्वारा मॅझली माँ को दिए गए वचन का मान रखते हुए वापस लौटना स्वीकार नहीं किया और भरत को स्नेह सहित अयोध्या लौटा दिया।

'मँझली माँ' में श्री अशोक कुमार पाठक द्वारा इसी प्रकरण का किंचित् भावुकतापूर्ण शैली में आख्यान किया गया है। पुस्तक के रूप में प्रकाशन की दिशा में यह उनका पहला प्रयास है और स्थापत्य एवं कथोपकथन में यह कच्चापन स्पष्ट परिलक्षित होता है। पूरी रचना में राम की सर्वप्रियता, कैकेयी का उदात्त चरित्र, भरत की अग्रज भक्ति लक्ष्मण की अहर्निश तनी हुई भृकुटी एवं अन्य पात्रों की मनःस्थिति का अतिरेकपूर्ण, मगर लोकसम्मत चित्रण किया गया है। मुझे आश्चर्य नहीं होगा यदि इसे पढ़ते समय भावुक पाठकों की आँखे, एक नहीं, अनेक बार छलछलाने को बाध्य हो जायें।

इस कृति के लिए मैं अपनी अंतरंग शुभकामना देता हूँ।

– ब्रजकिशोर पाठक

मंझली माँ

मै चुपके-चुपके मँझली माँ के पास गया

माँ देख मुझे, असमय शयन-कक्ष में

कुछ असहज हुई फिर सम्भल गई

स्नेह से पूछा बेटी सीता नही आई?

जब तक उनके चरण छू पाऊँ

उठ सीने से मुझे लगा लिया

मुख -मण्डल को चूम मेरे

प्रभु से बलैया माँगी।।

फिर इतनी रात आने का

प्रयोजन हँस कर पूछा

चिन्तित मुख को देख मेरा

जाने क्या-क्या मन में सोचा॥

अवध राज में हुआ उपद्रव?

कोई आक्रामक तो नहीं आया?

कि हुआ अमंगल राज्याभिषेक में

ऐसा कौन-सा संकट आया?

ऐसा कलुषित विचार कैसे आया?

जीभ कटे मुझ मूढ़ा की

जल्दी मुझ को बतलाओ

सब कुशल क्षेम है दीदी का॥

लखन उर्मिला का हाल कहो

बहन सुमित्रा, शत्रुघ्न और छोटी बहू की

भरत का कोई संवाद मिला या

माण्डवी जिद कर बैठी मायके जाने की?

इस बीच मैने शक्ति संचय कर लिया था

अपनी बात कहने की हिम्मत मन में भर ली थी

कल क्या होगा उनको कुछ भी भान नहीं है

जग नया इतिहास पढ़ेगा जो अबतक हुआ नहीं है।।

मै खूब जानता था मेरा कहा एक-एक शब्द

माँ को दुखित करेगा, उनको कर देगा निस्तब्ध

मनमस्तिष्क में उनके नया भूचाल ला देगा

क्षत-विक्षत कर देगा माँ के हृदय को।।

मैं करता क्या? विवश था नियति के हाथों में

राह में मेरे राज्याभिषेक एक बड़ी बाधा थी

मेरा जन्म हुआ किस प्रयोजन से

माँ को यही बताना था।।

मेरे आने का प्रायोजन राज्य-भोग नहीं है

राज-काज में समय बिताऊँ, यह मेरा काम्य नहीं है

असुरों के बढ़ते जोर से मानवता चीत्कार रही

तपोवन की भूमि मेरे पौरुष को ललकार रही।।

नाश दानवों का करने को, राम-राज्य लाने को

सत्य को विजय दिलाने को

जंगल जाना जरूरी है

माँ! यह काम तुम्हीं कर सकती हो।।

देवासुर संग्राम में रथ की धुरी बनने वाली

प्रियतम के संग सूर्यवंश का मान बढ़ाने वाली

देवलोक में दशरथ का जय-जयकार कराने वाली

माँ! यह काम तुम्ही कर सकती हो।।

राज चलाने की तुम्हारी क्षमता, बुद्धि

और शक्ति को तातश्री पहचानते हैं

तुम पर है विश्वास इतना कि

बिना विचारे 'हाँ' वे कह सकते हैं।।

याद करो माँ, आपके तीन वरदान है उधार

पिताश्री को याद करा, माँगो आँचल पसार

फिर निकलेगा उससे नया एक विहान

जिसकी स्वर्णिम रौशनी में दमकेगा जहान।।

सृष्टि की रक्षा करनी है

मानवता की रक्षा करनी है

चौदह वर्ष वनवास राम को

मिले सिंहासन भरत को।।

माँ! करो कलेजा वज्र का

कड़केगी बिजली, गरजेगा बादल

नभ-तल सब डोलेगा

पर, तू किंचित मत डोलना माँ।।

तुमपर लग जायेगा कलंक का टीका

अवध नगरी में हो जायेगा सब कुछ फीका

नाम तुम्हारा लेते, जग हिचकेगा, थूकेगा

राजमहल की ईंट-ईंट तेरा उपहास करेगी माँ।।

पर, जब इस कठोर निर्णय को जग जानेगा

इन वरदानों में छुपे रहस्य को पहचानेगा

तब माँ! तेरे त्याग की चर्चा चतुर्दिक् होगी

बदल जायेगा नफरत, फिर तू सब की माँ होगी।।

असुरों से मुक्त धरा होगी

पशुता से मुक्त मानवता होगी

आयेगा जब राम-राज्य

सब ओर तुम्हारी जय होगी।।

लंकेश्वर के आतंक से तुम खूब परिचित हो माँ!

देवलोक बंधक है उसका, मानव की क्या विसात है? माँ!

बुत बनी अहिल्या मेरी राह निहार रही

शबरी के बेर, माँ सती अनसुइया बुला रही।।

याद करो, दानवों के बढ़ते अत्याचारों से

ऋषियों का जप-तप दुश्वार हुआ था माँ

हो विवश ऋषि विश्वामित्र अयोध्या नगरी आये थे

जाने क्यों तातश्री से हम राजपत्रुओ को मांग ले गये थे।।

मुनि की बात सुन पिताश्री हुये अवाक्

यह कैसा संकट। 'ना' सुन होंगे मुनि नाराज

खुद संग चलने को तत्पर, सेना नायक थे खड़े

युद्ध में थे वे निपुण, जाने कितने जंग लड़े।।

जान उमर छोटी, हम सबकी

राजन किन्तु-परन्तु में थे उलझे

राजधर्म को भूल गये, पुत्रमोह में पड़कर

तब तुम्हीं ने सम्भाला था बात को आगे बढ़कर।।

पिताश्री मुनि को 'ना' कहने को थे

सूर्यवंश को राहु डँसने को था

बात बिगड़ते देख, हो हताश मैंने

निःसहाय तुम्हें निहारा था।।

मेरे मन के भाव तू तत्काल समझ गयी थी

मुनि संग मेरा जाना कितना सहज-समझ गयी थी

खुद आगे बढ़ मुनि के पाँव पखारे थे तुमने

होगी इच्छा पूर्ण मुनि की, विश्वास दिलाया था तुमने।।

पिताश्री का कोपभाजन भी बनते देखा हमने

थे भाई भरत ननिहाल गये, दूसरे के बेटे के

विषय में अनधिकार हस्तक्षेप का

आरोप भी अपने हिस्से लिया तुमने।।

तातश्री को आपने सम्भाला था

थी उनके पौरुष की याद दिलाई

राजधर्म का पाठ पढ़ा आपने

थी सूर्यवंश की लाज बचाई।।

गुरु विश्वामित्र हो निराश

वापस जाने को थे

वह आपके ही वश में था

जो तातश्री 'हाँ' कह पाये थे।।

मै कैसे भूल सकता हूँ उस क्षण को

लखन का हाथ मेरे हाथ में थमा तुमने

मेरे वहाँ जाने का मकसद और

तुमसे ही मर्यादा का पाठ पढ़ा था हमने।।

गुरु का यज्ञ निर्विघ्न सम्पन्न हुआ

ताड़का के संग, कई असुरों का वध हुआ

जय-जयकार हुआ जग में अवधपुरी का

ऐसे पुत्रों को जन्म देने वाली माँओं का।।

तुम उन माँओं से भिन्न बनो

जो पुत्र-पति के मोह में

अपना विवेक खो देती हैं

उचित अनुचित का भेद भूल

खुदगर्ज बन जाती है।।

तुम उन माँओं से भिन्न बनो

जिनकी सुबह और शाम बीतती

पति-पुत्रों के बीच

आँगन की दहलीज लाँघ गई

लगी होने चर्चा गाँव नगर के बीच।।

तुम तो इस बंधन को तोड़

राजा दशरथ की बनी सलाहकार

युद्ध-क्षेत्र भी गयी, जब मच गया था

सृष्टि में चतुर्दिक् हाहाकार।।

भरत तो नाम का पुत्र आपका

समय उसका ननिहाल में बीता

ममतामयी माँ का हर सुख

आँचल का साया मुझे मिला।।

मै क्या जानूँ? मेरी माँ

कौशल्या से है मेरा जन्म हुआ

सोया-जागा संग तुम्हारे

और वक्ष का क्षीर पिया।।

जिस दिन कोई बता देता

तेरी माँ का नाम कौशल्या है

रो-रो हाल बुरा कर लेता

यह कैसी भूल-भुलैया है।।

मन होता उद्विग्न, निराश तो

अपनों की याद सताती है

अहो भाग्य है संग तुम्हारी

मंथरा जैसी विदुषी नारी है।।

सर्वस्व लुटाया है आर्यावर्त ने

जब-जब हुई धर्म की हानि है

दधीचि ने हड्डी तक त्याग दिया

भरत वंश की यही पुरानी थाती है।।

मेरी माँ है ही तू जग की माँ बन जाओ।।

क्या भूल गयी माँ? याद करो

सृष्टि का विनाश बचाने की खातिर

सागर-मंथन का निकला विष पी

शिव-शंकर नीलकंठ कहलाये।।

मेरी माँ है ही तू जग की माँ बन जाओ।।

हो सकता है जान इसे तातश्री

बर्दाश्त नहीं कर पायें

वरदान बदलने की खातिर

कसम अपनी दे जायें।।

दोनो माँओं का क्रंदन

तुमको विचलित कर दे

चारों ओर की सिसकियाँ

तेरी आँखें भर दें।।

तब शान्तचित्त, दृढ़ रहना

कड़वा घूँट पीना होगा तुमको

कसम जिगर के टुकड़े का

मेरी कसम है तुमको।।

लक्ष्य भेद करने का रहस्य तुमने हमें बताया

जीवन में कुछ करने का, तुमने हमें सिखलाया

खुद जो बात कही वह कैसे भूल गयी

राह मेरा निष्कंटक बना, तुम ही बाधक बन गयी।।

हर अंधियारी रात के पीछे

सुबह का उजाला है खड़ा

लुटने से बच जाता है घर

जहाँ है पहरेदार खड़ा।।

भरत का चित मैं जानूँ, तू जाने

वह तो एक तपस्वी है

उसके जैसा विरले ही

जग में कोई यशस्वी है।।

वह शुद्ध हृदय, कोमल तन का

लिप्सा रहित बलशाली है

धीर-वीर समुन्दर-सा

निर्मल जैसे गंगा का पानी है।।

भरत की चिन्ता, तू छोड़

उसको समझाने का

मुझको है पूरा विश्वास

मेरा कहा वह मानेगा।।

एक और राज की बात सुनो

दिल से और कठोर बनो

नारी रूप ही पृथ्वी है

हृदय को और विशाल करो।।

जनकसुता मेरे संग जायेगी

वरना, असुरों का अंत नहीं होगा

उन्हें नारी धर्म बताना है

बिना उनके रामायण पूर्ण नही होगी।।

मैने उनसे बात कर ली है

संग जाना उनका हितकारी है।

माँ मुझसे भी ज्यादा, उनमें

लोकहित, बलिहारी है।।

राजमहल में रहे जनक पर

त्रिलोक उन्हें विदेह नाम से जानता है

उसी विदेह की पुत्री वैदेही है

यह बात तुम कैसे भूल जाती हो?

वह साधारण नारी नहीं

पृथ्वी की बेटी है

सहज, शिव-धनुष को उठाने वाली

उसके लिये क्यों रोती हो?

जंगल पर्वत सब रूप है उनके

असुरों की क्या ताकत है?

कालजयी आशीष उसे शिव के

वही जनकसुता दुलारी हैं।।

राजमहल हो या कुटिया

दोनों हैं उसको एक समान

जहाँ राम, सीता वहीं है

यही है विधि का विधान।।

सुना है जब से उसने राज्याभिषेक

मत पूछो, इतनी व्याकुल है

संग मेरे जाने को

क्यों इतनी आकुल है?

सिया जब से आई है अयोध्या

चित उसका नहीं लगता है

कहती है इस जन्म में वैभव

सुख का जीवन भला नहीं लगता है।।

जब भी भटकता है मन

तुरन्त मुझे सावधान करती है

कुछ याद दिला कहती, ऋषि

मुनियों की कुटिया मुझे बुलाती है।।

धरा पर हाहाकार मची है

असुरों के अत्याचार से

नष्ट हो रही यज्ञशालाएँ

धर्म, अधर्म का बन्दी है।।

टूटेगा विश्वास, जनों का

सृष्टि पर फिर क्या होगा

आँखें खोलो माँ तुम क्यों

पुत्र मोह में अन्धी हो।।

चले समर में बाँध कफन

तलवारों से क्या डरना है

चुनना है मोती सागर से फिर

लहरों से क्या डरना है।।

बहुत हुआ अब चुप भी रहो

हो अधीर कैकयी बोल पड़ी

आया हो जैसे भूकम्प, प्रलय

ज्वालामुखी ही तो फूट पड़ी।।

हाय राम! तुम बिन सोचे

क्या-क्या मुझसे बोल गये

तेरे शब्द, तू क्या जाने

मुझ को कितना झकझोर गये?

मेरी उदर खुद न जाने

इसमें राम पला कि भरत पला

यह छाती भी अन्तर नहीं कर पायी

कब किसने आकर दूध पीया।।

हम तीनों बहनों ने मिलकर संग

लोगों को इतना विश्वास दिया

अबतक नगरी समझ न पायी

किसने किसको जन्म दिया।।

जैसे ही वनवास की खबर

पहुँचेगी जनकपुरी में

सब होंगे संतप्त, मचेगा हाहाकार

चहुँ ओर मिथिला नगरी में।।

तुम मिथिला को क्या जानो?

रीति उनके मीठे बोलों को

भगवान से बढ़कर वे जानें

अपनी पहुँना को बेटी को।।

क्या जवाब देंगे तेरे तातश्री?

राजा जनक, बहन सुनैना को

बहुत हुआ अब कुछ न कहो

मत और सताओ तुम माँ को।।

हे सूर्यवंश के कुल दीपक

मुझसे यह अधर्म नहीं होगा

कैकेयी औरों से कुछ कहलेगी

कुलश्रेष्ठ, दिनकर को कैसे मुँह दिखायेगी।।

अब तुम मेरा अन्तिम निर्णय सुन लो

ऐसा कुछ करने से पहले, अन्त अपना कर लूंगी

मै क्षत्राणी कैकय देश की, सूर्य वंश की लज्जा हूँ

कलंकित होने से श्रेयस्कर वरण-मृत्यु का कर लूँगी।।

क्या तुम्हें नही विश्वास, अपनी अवध की सेना पर

पिताश्री के बाहु-बल, अपने तीन अनुजों पर

मुझ से नहीं छुपा है, तुम चारों क्या हो

तीन लोक में नही है ऐसा जो भारी पड़े अवध पर।।

निकल जाओ ले चतुर्दिक सेना

शंखनाद चेहुँ ओर करो

ऋषि मुनियों का ले आशीर्वाद

असुरों का सर्वनाश करो।।

तुम सब वीरगति पाओ

या माथे का सिन्दूर धुल जाये

तब भी तनिक न होगा शोक मुझको

चाहे कुलदीपक बुझ जाये।।

मै शायद समझ नहीं पायी

मैने समझा तुमको ज्ञानी

पर निकले तुम निर्मम अबोध

क्यों जंगल जाने को ठानी?

जायेगा लखन तुम्हारे संग

उसकी माँ पर क्या गुजरेगी?

सोचा तुमने उर्मिला किस तरह

चौदह ऋतुपति काटेगी?

कैसे ज्येष्ठ हो तुम उसके

करने आये तुम विवश जिसे

रहते हुये सुहागिन उसको

विरहन का जीवन जीने को।।

सूरज-चाँद प्रकाश बिना

कितना है निस्तेज गगन

संसार बिरस है नारी का

जब नहीं सामने हो साजन।।

माना कि लखन तुम्हारा साया

अहो-भाग्य उसने भाग्य बड़ा पाया है

तुम उसमें कि वो तुममें

नहीं समझ कोई पाया है।।

माँ, तुम चाहो जो समझो

अस्तित्वहीन मैं लखन बिना

मै उसी तरह उसके बगैर

जैसे मछली नीर बिना।।

सीता की बहन है उर्मिला

उसकी शक्ति कम मत आंको

लक्ष्मण निर्णय नहीं ले सकते

लिए सहमति उर्मिला बिना।।

लोकहित हेतु बलिदानियों की सूची में

हुई न होगी ऐसी कोई नारी दूजा

इस पृथ्वी की कौन कहे?

देवलोक में होगी उसकी पूजा।।

जप तप के वशंवद् ब्रह्मा, विष्णु, महेश

असुरों के बंधन में है, हो विवश दिया उन्हें वरदान

नारी सुख से वंचित वीर अंत करेगा

माँ! आपको भी इस बात का है ज्ञान।।

चौदह बरस दिनरात जाग्रत

रह तपस्वी वेश धर

कर्मवीर,चित्त विजयी

ब्रह्मचर्य पालन कर।।

लखन को संग ले जाना है

तभी तो तुम से पूछा

इस कठिन व्रत को पूरा करने वाला

जग में और न कोई दूजा।।

जब कभी मेरा धीरज टूटेगा

तब होगा अनुज की बाँह सहारा

जनकदुलारी रहे सुरक्षित

होगा दिन-रात लखन का पहरा।।

किस बात का डर, या

संशय है माँ तुम्हारे मन में?

राम पर विश्वास नही या

सूर्य वंश की थाती पर?

जिस हाल में ले जाऊंगा,

सीता और लखन को

वैसे ही वापस लाऊँगा

माँ मुझ पर करो भरोसा।।

इन दोनों के बिना मेरा यज्ञ पूर्ण नहीं होगा

लखन मेरा शक्ति होगा, जानकी मेरी प्रेरणा होगी

साथ बिना दोनों का लिए माँ

मुनियों की अभिलाषा पूर्ण नहीं होगी।।

माँ! यह नर से नर का युद्ध नहीं

मायावी असुरों से सेना नहीं लड़ सकती

गुफा पहाड़ों घने जंगलों में कुछ ऐसे सिद्ध मिलेंगे

अनहोनी को होनी करदें, जिसे सेना नहीं कर सकती।।

कितनों का मन रखना है

मुक्त श्राप से करना है

हृदय में जिसके हूँ मै निरन्तर

उस हनुमन्त से जाकर मिलना है।।

पक्षी या जानवर जिसे कह

दुनिया तुच्छ समझती है

मेरे सुख-दुख के साथी होंगे

मर्यादा की लाज बचानी है।।

राम के सभी तर्क बेअसर हुए

जो सहमत नहीं कर पाये कैकयी को,

हो राम उदास, उद्विग्न चित्त ले

चले अपने राजमहल को।।

पहुँची खबर देवलोक में, प्रभु का राज-तिलक होगा

मची हलचल स्वर्ग लोक में, हम सब का क्या होगा

क्या इसी तरह बंदी बन, जीवन शेष बीतेगा

कबतक अधर्म के आगे धर्म निस्तेज रहेगा?

एक आश बची थी जब रामवतार होगा

मुक्ति मिलेगी सबको, नाश अधर्मियों का होगा

राज-पाट को छोड़ राम वन जायेंगे

लीला कर मर्यादा पुरुषोत्तम कहलाएँगे।।

दुष्ट, कामी, मति-भ्रष्ट रावण, माँ सीता का हरण करेगा

विधि ने यही विधान किया है जो उसका अन्त करेगा

पर जब श्रीराम राजा बन, राज पाट में लग जाएंगे

रावण से लड़ने का तेज कहाँ रह जायेगा।।

क्या परमपिता ब्रह्मा की कही बात विफल होगी?

लगता है ब्रह्माण्ड में कुछ और विपरीत घटित होगी

हो हताश गन्धर्व, देव भागे नारद के घर

तुम्हीं करो कुछ हे मुनि, परमपिता से पूछकर।।

एक साथ इतने गन्धर्व, देवों को देख ऋषि को भी अचरज हुआ

सशंकित हो लगे सोचने, लगता है सुरलोक में अनर्थ हुआ

पिताश्री को याद कर नारद और गंभीर हुए

सब कुशल क्षेम तो है, क्यों आप सब इतने अधीर हुए।।

बोले ऋषि-चलिये मिल बैठ कुछ सोचना होगा

ऐसा क्या है जिसका हल नहीं होगा

हम सब जो समझ न पाये, पिताश्री के पास चलें

पहले तो बतायें हमको क्या करना होगा।।

एक मत से निर्णय हुआ-चलें विघ्नेश्वरी के पास

वही कुछ कर सकती हैं, अब वही एक है आस

नहीं हो राज्याभिषेक प्रभु का, किसी तरह वह विघ्न करे

लोक, लाज, डर, भय, त्याग खुद को चरितार्थ करें।।

महारानी कैकयी और मंथरा की जिह्वा पर बैठे

दोनों मन में जो सोचें पर उल्टा वे बोलें

सरस्वती को दोनों के मस्तिष्क को बदलना होगा

तब कहीं प्रयोजन हम सबका पूरा होगा।।

इतने देवों को संग आए द्वार देख

विघ्नेश्वरी डर से कांप गयी

लगता है कुछ और पाप करना होगा

उनके हाव-भाव देख कर वह भाँप गई।।

कर ही क्या सकती है, वह उनकी हाथों की पुतली है

जैसा डोर घुमाये, वैसा ही वह करती है

देवों का प्रस्ताव जान, आश्चर्य चकित हो गयी

उनके मुख से कार्य जान वह भी शरमा गयी।।

हाथ जोड़ वह बोली, मत ऐसा पाप कराओ

यह मुझसे नहीं होगा, खुद की नजरों में गिर जाऊँ

जननी के मुख से पुत्र को वनवासी कहलाना

वह भी चौदह वर्षों का, अच्छा होगा शापित हो जाना।।

बहुत हुआ, अब कुछ न सुनूँगी मुझ पर रहम करो

लोक-लाज का डर नहीं तो अपने से शर्म करो

अबतक जो चाहा आप सब ने, मैं करती आई

बिन सोचे और न कभी घबराई।।

देखो कितने खुश हैं नगर के वासी, जैसे होली और दीवाली है

घर-घर गूँज रहे मंगलगीत, चहुँ ओर छटा मनुहारी है

बे-मौसम है फूल खिल उठे, देख घर-घर में तैयारी है

स्वर्ग भी तेरा फीका लगे, जैसी अयोध्या में खुशहाली है।।

जन-जन के नयनों के तारा, राम सिंहासन पर बैठेंगे

रामराज्य आयेगा दीन दुखियों के आँसू पोछेंगे

राम-नाम आते ही मन में विघ्ना इतना विभोर हुयी

अपना काम छोड़, राममय वह हो गयी।।

विघ्ना का यह भाव देख देवगण निराश हुये

कोई राह न देख, नारद ने सरस्वती का ध्यान किया

हे माँ, अब आप ही विघ्ना को समझा सकती हैं

प्रभु ध्यान से बाहर, असली रूप में ला सकती हैं।।

हे माँ, अब आप ही कुछ कर सकती हैं

रानी कैकयी जो सोचे उसका उल्टा बोले

राजा दशरथ के पास हैं उनके तीन वरदान उधार

वरदान माँगने खातिर रानी अपना मुँह जब खोले।।

पहला, राम राजा नहीं बने

दूसरा, राम को चौदह वर्ष वनवास मिले

तीसरा, भरत सिंहासन पर राजा बन कर बैठे,

आप कैकयी की जिह्वा पर जा बैठें।।

रघुकुल रीत से बँधे दशरथ नहीं फिरेंगे

माँ की भाव समझ प्रभु राजमहल का त्याग करेंगे

वनवासी बन करनी नरलीला उन्हें

भक्त-जनों का कर उद्धार, दानवों का करना हैं नाश उन्हें।।

माँ जानकी के हरण में रावण का अन्त लिखा है

ब्रह्मचर्य व्रती लखन से, इन्द्रजीत का वध होगा

फिर दानवों के अधर्म कृत्यों से मुक्त धरा होगी

गंगा घाट पर गूँजेगा मंत्र, हरी-भरी वसुधा होगीं।।

देवों से सब हाल सुन, सरस्वती समझ गयी

बहन पृथ्वी को मुक्त कराने को सहर्ष वह तैयार हुयी

दुनिया चाहे जो समझे, मै यह कार्य करूँगी

धर्म, सत्य की रक्षा खातिर यह अपयश भी सह लुँगी।।

देवों को विश्वास दिला, माँ हँसवाहिनी ने अयोध्या प्रस्थान किया

मिल प्रभु से यहाँ आने का अपना प्रयोजन बयान किया

आप चाहते है जैसा वैसा ही होगा

रानी कैकयी वही बोलेंगी, जैसा मै चाहूँगी।।

रानी चाहे जो सोचें, उनका खुद पर जोर नहीं होगा

कल तक जो दिखता था वह आज नहीं होगा

मानव जितना जोर लगाले, कल को किसने जाना है

होगा वही प्रभु, जो आप को करना है।।

प्रभु से सब हाल सुन

जनक दुलारी बोल पड़ी

यही माँ की ममता है

यही प्यार की डोर बँधी।।

हे प्रभु इतना निराश मत होवें

मझली माँ का दोष नही,

नही कमी है समझ में उनकी

शांत हो, समझें नारी के मन को।।

वह सृष्टि की जननी है, पृथ्वी है

पालिका धैर्यवती है

पर उसका अपना कुछ भी नहीं

घर-घर की लक्ष्मी पार्वती है।।

हर सुख-दुख को सह सकती है

हर संकट में वह अटल रहे

पर नहीं उसे बर्दाश्त प्रिये

पति-पुत्र से अलग रहे।।

मेघ निष्ठुर हो जाये, चाहे तपिश जलाये

अपना सब न्यौछावर कर वह हरियाली लाये

त्याग, तपस्या की मूरत है नारी

उसका यह रूप देख स्वर्ग लोक शरमाए।।

यही एक वह चाह लिए, सुबह शाम वो जीती

भरा-पूरा परिवार रहे, चहुँ ओर रहे खुशहाली

रहे सलामत माँग का सिन्दूर

गोद करे किलकारी।।

अब एक ही आशा की किरण है प्रिय

जाओ धाय माय मंथरा के पास

शायद वो मंझली माँ को समझा पाए

अब एक वही बंधी है आस।।

वो ज्ञानी है, चतुर है, परोपकारी है

सब से बढ़कर मंझली माँ की अंतरंग सहेली है

वह बात समझ गयी तो निर्भय हो

उनसे हम सबकी बात तो कह सकती है।।

हमें पता है तुम चारों पर, वह तीनों

माँओ से बढ़कर प्यार लुटाती है

आसान नहीं होगा उनको समझाना

जो हम सब की खुशियों पर ही मुस्काती है।।

हे आर्यपुत्र कर दृढ़ निश्चय उनके

पास जा जतन कर समझाएँ

उनकी चिन्ता के हरण की खातिर

चाहें तो विराट रूप दिखलाएं।।

चले प्रभु मंथरा के घर अपनी बात समझाने

क्यों आए हैं इस धरती पर इसका भेद बताने

न्याय, सत्य, मित्रों की खातिर निज की हानि हो जाए

पीना पड़ा विष का प्याला, वो नीलकंठ कहलाए।।

हे शम्भू, हे भोले नाथ मेरी मदद करो

मंथरा को समझाने में, मुझे सफल करो

कदम बढ़ा मंथरा के घर, पर चित्त मंझली माँ पर

उनका ही बस ज्यादा चलता पिताश्री के ऊपर।।

जो करना है आप करेंगी

मंथरा तो बस एक बहाना है

सब से प्रिय सखी आपकी

हम सब उसे दुलारे हैं।।

वह धाय माय हम चारों की

संग तुम्हारे कितनी रात जागी है वह

थी नींद कहाँ आती हम सबको

जब तक लोरी नहीं सुनाती थी वह।।

प्रभु को बचपन से अबतक के

एक-एक पल याद आने लगे

कहीं दबी थी मन में जो बात

परत-दर-परत खुलने लगे।।

देख दशा हम चारों की

माताएँ भृकुटी चढ़ा लेती

मार कहीं पड़ न जाये वो

आँचल में हमें छुपा लेती।।

राजपाट में आप सब को

कुछ समय देना पड़ता था

पिताश्री के साथ कहीं

आना-जाना भी पड़ता था।।

पर कमी खली न आप सबों की

इतनी ममता देती थीं वह

लालन पालन में रहे कमी न

चीर हृदय अपना रख देती थी वह।।

हम चारों में भेद कहाँ?

है हम सब उनके पुत्र समान

ऐसी उनको क्या है पड़ी

जो थूके उनपर सारा जहान।।

राजा राम बने या भरत

उनको क्या अन्तर था

हम सबकी खुशियाँ उनकी थी

उनमें यही तो सब से अन्तर था।।

वह, सबसे, चतुर नारी है

कहो तो उनके पाँव पडूँ

लोकहित में छट-पट है मन

कहो तो उनसे राज कहूँ।।

समझाओ मझली माँ को

क्यों वह जिद पर है अड़ी हुई

पुत्र मोह और लोक धर्म के

बीच है क्यों खड़ी हुई?

निज हाथों से खुद का अंग

काटना बहुत कठिन है

होता है इतिहास उसी का

यह भी उतना ही सच है।।

यह कार्य तुम्हीं कर सकती माँ

कुछ परवाह किये बिना

दुनिया तुझ को क्या समझेगी

तर्क-कुतर्क किये बिना।।

मझली माँ को बहुत कहा, समझाया पर,

हम सब के मोह में ऐसी जकड़ी है

वो कुछ सुनने को तैयार नहीं

नहीं-नहीं की एक बात पकड़ी है।।

फिर तुमने कैसे मुझसे ऐसी आशा कर ली?

जो चाहोगे तुम्हारे मन का बोलूँगी?

मै तो एक दासी हूँ मेरी क्या औकात यहाँ

क्या समझ मुँह अपना, रानी के समक्ष खोलूँगी।।

नाराज हुयी रानी तो मृत्युदण्ड मिल सकता है

सुनेंगे राजन तो देश बदर हो सकता है

जिस साख पर बैठी हूँ, उसी को काट गिरा दूँ

संग मेरे, कुल का नाश हो सकता है।।

वही कहावत चरितार्थ करूँ जिस

थाली में खाई, उसी में छेद किया

मुँह में राम बगल में छुरी

अपनों को ही खंजर भोंक दिया।।

नमक जिसका खाती हूँ उसी का

नहीं कर सकती अपकार

विश्वास उठ जायेगा जग से

क्या होगा दास दासियों का हाल।।

जिन हाथों से तेल लगा

आँचल की छाँव देती आयी

जिस जिव्हा से मांगी हूँ लाख दुआएँ

अपनी गोद में भरती आयी।।

कैसे तुम भूल गये चलना सीखे

इस बुढ़ी हाथों को पकड़ के

फिर किस मुँह से बोलूंगी तुम चारो

को चाहा माताओं से बढ़के।।

तुम चारों का जन्म हुआ

सुबह हुयी अयोध्या में

गूँज उठा चिड़ियों का कलरव

सूने पड़े इन बागों में।।

तुम क्या जानो? कैसे बंजर

पत्थर पर दूब उगी

रात घिरी इस नगरी में

सुनहरी धूप खिली।।

सब सुख वैभव एक तरफ हो

कठिन है कितना निःसंतान कहलाना

अरे! क्यों मिटाने चले हो

इस अयोध्या की लाली को।।

क्या गलती हुयी हम सबसे कि

उठा ऐसा तुच्छ विचार तुम्हारे मन में

ध्यान नहीं है तुमको कितना उथल-पुथल होगा

बचपन तेरा बीत गया, अब गंभीर बनो मन में।।

अभी तो ब्याह लाये हो

सुन्दर-सुन्दर दुल्हनियाँ

जावों खेलो, विचारो

धन्य समझेगी बगिया।।

तरस रहा सुनने को मन

पायल की पैजनियाँ

मन मयूर नाच उठता है

खनकती है आँगन में जब चूड़ियाँ।।

राजन कहते वन जायेंगे तो

बात समझ में आती

रानियाँ कहती संग जाएंगे

तो बात समझ में आती।।

चौथापन है हम सब का

राग-अनुराग की चाह घटी

अपने सुख-दुख से ज्यादा

अब परिजन से ममता उपजी।।

भूत हुये हम सब-समझो

भावी को अब गढ़ना है

वर्तमान में जीना सीखो

आगे, भविष्य सुधारना है।।

सुन मंथरा की बात प्रभु

मन ही मन मुस्काये

हाथ पकड़ जा बैठे गोद में

जैसे बच्चा माँ से लिपटाये।।

वही बात मैं कहने आया

नहीं ऐसी कोई बात घटी

हम चारों के लाड़-प्यार में तुम

सब की है सुबह-शाम कटी।।

जो बीत गयी वो बात गयी

वर्तमान को ही कहने आया

तेरे ही कारण माँ मेरा क्या?

जग का भविष्य सँवरने वाला।।

याद तुम्हें होगा माँ! मुनि संग

अरण्य गये हम दो भाई

निर्विघ्न यज्ञ सम्पन्न हुआ,

ताड़िका संग कई असुरों का नाश हुआ।।

उसी अरण्य में हमने देखा

उत्पात मचाते निशाचरों को

एक ताड़िका, सुबाहु के अन्त से

चैन नही माँ मुनियों को।।

उसी समय हम दोनों ने

मन ही मन था ठान लिया

असुर शक्तियों का नाश करेंगे

मन ही मन था संकल्प लिया।।

हाहाकार मची चतुर्दिक है

बंधक पड़ी है वसुंधरा

सत्य, कर्म यहाँ रूठे

ज्यों वीर विहीन हो गयी धरा।।

तुम भी क्या यही चाहती सूर्य वंश की

पीढ़ी दर पीढ़ी यूँ ही आये-जाये

पुरखों के यश पर कबतक राज चलेगा

अवधपुरी में भी अब उनका उत्पात मचेगा।।

वह जीवन, जीवन क्या

जिसका कोई लक्ष्य न हो

याद करे दुनिया उसको

जिसमें दृढ़ निश्चय हो।।

एक दीप जला है, मन में

बुझने से उसे बचा लो माँ

निष्फल हुआ राम तो, जग माफ नहीं करेगा

आशा की किरण एक तुम्हीं बची हो माँ।।

पहले ही समय बहुत गँवाया

कुछ - कुछ कहने सुनने में

कुछ तो जोखिम लेना पड़ता है

माँ, नई राह बनाने में।।

चलो मझली माँ को समझाने

वरदान की याद दिलाने

हो जाओ तैयार, चलो

भरत का राज्याभिषेक कराने।।

चौदह वर्ष की अवधि में

अपना लक्ष्य पूरा कर लूंगा

कर असुरों का नाश, अधर्म

निशाचर हीन धरा का कर दूंगा।।

मझली माँ चाहेगी तो वापस आ

राज काज सम्भालूँगा, नहीं तो

भरत का सहयोगी बन

जीवन शेष बिता लूँगा।।

प्रसव पीड़ा समय, तुम्हीं एक थी अन्तः पुर में

तुम सब जानती हो मेरा कैसे जन्म हुआ

तुम सबका अचरज दूर करने खातिर

बाल रूप मैंने वरण किया।।

लगता है तुम सब भूल गयी

मेरे लालन-पालन में,

गोद का लालच मुझको भाये

तुमको छाती का दूध पिलाने में।।

सारी सृष्टि मुझमें है, मै उसमें हूँ

कुछ मुझसे नही असंभव है

सब जन्म मुझी से पाते हैं

फिर लौट मुझी में आतें हैं।।

लो उसी रूप को एक बार तुम को दिखलाता हुँ

जिसे देखने खातिर ऋषि-मुनि वर्षों तप करते है

उसमें कोई इस धरती पर ही धन्य हुआ

जो एक झलक भर पाते है।।

नीलकण्ठ, गला में लिपटे हैं भुजंग

जटा धारी माथे पर चन्द्रमा है शोभायमान

मृगछाला पहने, हाथ लिये त्रिशूल

माँ पार्वती के संग हिमालय पर है विराजमान।।

तभी दिखता है एक और रूप

चार सिर धारी का

कमल पर बैठे, हाथ वेद-पुराण

यही तो है सृष्टि के शिल्पकार।।

क्षीर समुद्र में सोये हैं

शेषनाग के साये में

गदाधारी सुदर्शन धारी

माँ लक्ष्मी बैठी पयताने में।।

इस रूप का तेज माँओं के अलावा

तुम्हीं एक सह सकती हो

मझली माँ से जाकर एक

तुम्हीं ही कुछ कह सकती हो।।

समझ गयी तत्काल मंथरा

जैसे होश धरे

यह अपना ही राम है

जिसने कई रूप धरे।।

मत हो अचम्भित तेरा

समर्पण ही मुझ को भाया

हो विवश यह रूप

आज तुमको जो दिखलाया।।

वह समझ गयी यह इनकी ही लीला है

हँसना-रोना अपनों की माया में

सम्पूर्ण ब्रह्माण्ड समाया है

उनकी सुन्दर काया में।।

प्रभु का पूर्ण रूप देख

मन्थरा धन्य हुई

क्यों इतने व्याकुल हैं प्रभु

विदुषी वह समझ गई।।

राह निष्कंटक बने, मंथरा चली साथ निभाने को

तैयार हुयी जग से अंधकार मिटाने को

मेरे कलंकित होने से मानव-जाति बच जाती है

तैयार हुई वह जीते-जी मर जाने को।।

हँसवाहिनी पहुँच गई, रानी के राजमहल में

राम मोह को तोड़, स्वार्थ मोह जगाने को

देवासुर संग्राम जीत के बाद राजन को दिये

तीन वरदान की याद दिलाने को।।

मंथरा चली कैकयी-भवन

एक राज की बात बताने को

समय किसी के वश में नही

कैकयी को समझाने को।।

आश्चर्य-चकित है मंथरा

सखी से कैसे भूल हुयी

है सामने रघुकुल की कृति खड़ी

बीत रही है शुभ घड़ी।।

सृष्टि का नियम जो तोड़ेगा, मेरा वो प्रिय नहीं है

देवलोक को छोड़, प्रभु मानव रूप में आये हैं

जबतक भक्ति रहेगी प्रभु में जन-जन की

मानव सर्व शक्तिमान है, यही बताने आये हैं।।

अपनी शक्ति का संधान निति के जो प्रतिकूल करे

जप तप कर चाहे कोई कितना हो बलशाली

प्रभु के दिये वरदानों का गलत जगह प्रयोग करे

उन्हीं दुष्टों को दण्ड देने आये है विष्मयकारी।।

यही सोचते हुये मंथरा

राजमहल की ओर चली

हे सखी! पुत्र मोह को छोड़

बंधन कुरीति के तोड़।।

सुन चहुँओर की आर्त्तनाद

देख असुरों का अत्याचार

राग-द्वेष में लिप्त सभी हैं

कर रही मानवता चीत्कार।।

आया है अपना राम

भयमुक्त वसुंधरा को बनाने

मिल जुल कर सब रहें यहाँ

समता का पाठ पढ़ाने।।

कर कुटिलों का नाश, छली प्रपंच विचारों का

राम लखन सीता के संग, अयोध्या नगरी आयेंगे

फिर देख छवि इस धरती की, सुरपुर शरमायेगा

होगा नया विहान सखी, जब रामराज्य आयेगा।।

तू मुझ पर शक न कर, मुझको नहीं कोई लालच है

राजा राम बने या भरत, मुझको क्या अन्तर है

भरत तुम्हारा पुत्र है, मै सबसे प्रिय सखी तेरी

है सौभाग्य हमारा, कैसी किस्मत है मेरी।।

ऐसे भरत राम को पिता तुल्य समझते हैं

देख संशय में पड़ जाते सब, एक दूजे का इतना आदर करते हैं

तुम क्या जानो? भरत को मनाना यहाँ आसान नहीं होगा

राम ही समझाये तो, शायद वह यहाँ रुक सकता हैं।।

लोकहित में राह चले जो, वही मर्यादा पुरूषोत्तम है

मानव ही दानव बनता है अपने तुच्छ विचारों से

वह ज्ञानी नहीं हो सकता जो अहंकार में डूबा है

राम भरत महामानव है अपने उच्च विचारों से।।

वे यहाँ रहकर भी संन्यासी जीवन जियेंगे

जाने दो उसे वन, उसकी चिंता छोड़ सखी

लखन और सीता, वाण और शक्ति हैं

दोनों के सहारे ही उसे नरलीला करनी है।।

राम मुझे समझा न पाये

तो तू समझाने आई है

मेरा दिया खाती है चल

हट, मुझे सिखाने आई है।।

इससे तो अच्छा है मैं खुद ही जाऊँ जंगल

न मै रहूंगी, न होगा अयोध्या में अमंगल

कुछ तो कमी है मुझमें, अपना भी नहीं समझे

तुम सखी हमराज मेरी, तेरा चित्त क्यों बहके।।

ऐसा कौन सा सुख है मैने जो संग नहीं बाँटा है

अतरंग बातें भी तुझसे नहीं छुपाती हूँ

कुछ तो बोलो प्यारी सखी, अरी ओ मंथरा

आज अपने को क्यों इतना असहाय पाती हूँ।।

कैकयी के होंठ फड़फड़ाने लगे पर जुबां नहीं खुली

जीभ धोखा दे गयी तो आसुँओं की धार बोली

दोनों सखी घंटों एक दूजे से लिपटी रहीं

आँसुओं की बून्दें मिल लड़ियाँ बनती रहीं।।

निकला हो जैसे प्राण, शरीर बेजान हुआ

बना पत्थर हृदय राम को छोड़ने को तैयार हुआ

बगिया रहेगी, फूल रहेंगे जैसे खुशबु के बिना

इन आँखों से क्या काम, जो है ज्योति बिना॥

नियति पर बस नहीं किसी का, मैं समझ गयी

ब्रह्मा की लेख मिटे न, सरस्वती समझा गई

श्रवण के माता-पिता का श्राप याद हो आया

वैधव्य जीवन जीने को अभिशप्त हुई॥

हो निराश, असहाय मन

सिर हाथों पे रखकर

धीरे से बोली रानी

सखी मैं हार गयी॥

कैकयी का यह हाल देख

मंथरा हुई अधीर

खुद संयत हो बोली

सखी मन को बना फकीरा।।

कुछ बातें भूलना ही अच्छा है

जो सामने है वही एक सच्चा है

दीन-दुखियों की आह सखी री

निष्फल कभी नहीं जाती।।

मै देख चुकी, समझ गयी

यह महामानव सम्पूर्ण है

मत रोक, इसे जाने दे सखी

यह नर नहीं, नारायण है।।

कहो तुझे जो कहना है

मै समझ गयी क्या सहना है

होगी राम बिना सूनी नगरी

नया लेख विधि का पढ़ना है।।

चलो मंथरा, अब देर न कर

पल-पल मुझको डँसता है

खुद घर में आग लगा दूँ

कैसे काल देख मुझे हँसता है।।

एक पुत्र को राज सिंहासन

दूसरे को जंगल जाने दूँ

वधू को भी घर में रख न पाई

कलंक का टीका लग जाने दूँ।।

तू कहती है लोकहित में

पुत्र, वधू को वन जाने दे

विधवा जीवन कैसे जीऊँगी

कुछ तो और सम्भलने दे।।

बहनों से नजर मिला लूंगी

गुरु वशिष्ठ को कुछ कह लूँगी

पर जिस दिन नजर मिले खुद से उस

क्षण जीते-जी मर जाऊँगी।।

गौर मुख मंडल स्याह हुआ

आँखों से कजरा की धार बही

बेसुध चली महल को रानी

खुले केश विकराल लगी।।

माथे की बिन्दिया खुद पोंछी

मंगलसूत्र उतार रख दी

सूनी कलाई बिन कंगना

जो होना था पहले कर ली।।

सारे जतन कर देख चुकी

अब देख सखि मेरा वेश

प्रभु ने जो लेख लिखा

सब यहीं घटेगा देख।।

राजन, मुझको माफ करो

करना माफ विदेह

पस्त हुआ तन-मन मेरा

खत्म हो गया सारा तेज।।

विधवा बनकर रहना है

कलंकित जीवन जीना है

जबतक शेष बचा है जीवन

हर घूँट खून का पीना है।।

हे कुल श्रेष्ठ तुम तो समझो

क्यों हो बादल की ओट लिए

मैं कहाँ छुपाऊँ खुदको

सबकी नजर मुझे घूरे।।

क्या हुआ मंथरा मुझको

क्यों ऐसा मेरा हाल हुआ

बदन काँपता है थर-थर

जैसे बल सहसा क्षीण हुआ।।

आओ मंथरा, साथ चलो

अब तुम्हीं तो एक सहारा हो

इस विपत्ति की नदिया में

बस तुम ही एक किनारा हो।।

हे प्रभु! मुझे शक्ति दो

राजन तक मै जा सकूँ

हे वीणावादिनी सुर दो

वहाँ जा मैं बोल सकूँ।।

हे ब्रह्मा, विष्णु, महेश, ऋषि मुनि

प्रजा जन, कुल देवता, विदेह

दीदी कौशल्या, सुमित्रा, शत्रुघ्न, उर्मिला

माण्डवी करना माफ मुझे।।

कैकयी के माँग वरदान सुन

चारो ओर शोक हुआ

बेसुध हो राजन गिरे धरा पर

चर्तुदिक हाहाकार हुआ।।

राजन ने समझाया कहकर

कुछ तो मुझपर रहम करो

राजमुकुट रख दी चरणों पर

लो तुम ही आज से राज करो।।

तुम भूल गयी क्या तेरी माँ के जिद के कारण ही

तूने अपने पूज्य पिता को खोया था

लगता है इतिहास लिखेगा तेरी

जिद के कारण दशरथ ने प्राण गवाँया था।।

तुम जानती हो राम बिना

मैं नहीं कभी भी जी सकता

तन-मन में मेरे हर क्षण

राम ही है बसता।।

देवता कहे मुझे चतुर पर मैं तो मूढ़ मानव

जो कैकयी सबसे प्रिय मुझे रही

जब मेरा अति मधुर क्षण आने को था

ऐन वक्त पर वही छली निकली।।

देख सारी अयोध्या झूम रही है

खुशियों के सैलाब में

तुम क्यों यहाँ पड़ी हो प्रिये

कुप अंधेरा कोपभवन में?

शृंगार हीन कचनार बदन

मादक नयना, स्फुटित अधर

चाँद भी जिस से शरमाता है

क्यों है उसका स्याह बदन।।

कहाँ गयी वो खुशबू तेरी

जो मुझको खींच बुलाती हो

नही मिली वो मधुर साँसे

और न बाहों का हार पहनाती हो।।

कौशल्या ने तो सब कुछ तुझ पर छोड़ा

हो खुश सब से बोलती रही

मैने तो सिर्फ जन्म दिया है

पर पालन कर्ता कैकेयी रही।।

यह राज काज मैं क्या जानूँ

मै गुरु शरण चली जाऊँगी

मँझली जाने यहाँ क्या होता

वही राजमाता कहलायेगी।।

अरी ओ भ्रष्ट, मति-मूढ़ा

जो चाहे वह वर माँग प्रिये

अनहोनी कुछ घटित देख, मत पछताना

मुझसे तूने किस जनम का वैर है साधा।।

सभी रानियों से मैंने ज्यादा

तुम को है सम्मान दिया

तु कैसी नारी हो जिसने

ऐसा दुष्कर व्रत ठान लिया।।

तभी श्राप श्रवण के माता पिता का

याद आ गयी राजन को

वह दृश्य उभर आया नयनों में

वो कैसे सह नहीं पाये पुत्र-विरह को।।

दशरथ ने चलने की तैयारी कर ली

सब को अश्रु भरे नयनों से आशीष दिये

देख सामने काल खड़ा

'रामराम' कह अपने नेत्र बन्द किये।।

देवताओं ने की पुष्प-वृष्टि

राजन देवलोक के वासी हुए

रघुकुल रीत सदा चली आई

प्राण जाये पर वचन न जाये।।

राज वैद्य के सब प्रयत्न हुए विफल

सिसकियों में डूबा राज महल

राजन चले दुनियाँ को छोड़

दुख की चादर ओढ़।।

गाँव-नगर के नर-नारी मिल

लगे कोसने कैकयी और मंथरा को

कल तक जिसका नाम आदर से लेते थे

आज दुत्कार रहे हैं सभी उसको।।

रानी कौशल्या, सुमित्रा हैं हतप्रभ

हो विवश चुप-चाप खड़ी

आँखों से अविरल धार बहे

टूट गयी जीवन की कड़ी।।

गुरु वशिष्ठ के संग आये सभी सामन्त

अपना कर्त्तव्य निभाने को

लगे सान्त्वना देने सब मिल

हृदय विदारक दुख घटाने को।।

हे नगर वासियों, धीर धरो

यह रामायण का अंश है

तभी तो दुनिया जानेगी

कैसा दिनकर वंश है।।

लोक हित और मर्यादा की खातिर

पुत्र, वधू का त्याग किया

जनहित में दुख गले लगा राजन

अपने जीवन को त्याग दिया।।

समझ नहीं पायी वे दोनों

यह सब कैसे किस हेतु हुआ?

कैकयी ऐसा कर सकती है

उनको न तनिक विश्वास हुआ।।

राम तो उसको सबसे प्यारा

उसकी आँखो का तारा है

नहीं-नहीं कोई और दुष्ट है

जिसने राजन को मारा है।।

राम तो उसका प्यारा बेटा

पग-पग पर साथ चले

एक इशारा मिलते ही उनका

क्षण में सबकुछ त्याग करे।।

राजतिलक हो राजगद्दी पर

बैठूँ वह खुद तो नही चाहता था

अरे कैकयी ने ही जिद कर

उम्र बता राजन को समझाया था।।

कबतक चारों को बालक समझ

दुनियादारी से दूर रखेंगे?

अब हुए युवा, धीर अति बलिशाली

दें जिम्मेदारी इनको, राज-काज में ढलने दें।।

चारों को देख हरपल मँझली कहती

अहो भाग्य! कि राम बड़ा है भाइयों में

सौंप सिंहासन इनको, हम चले

करें विश्राम गुरुकुल के आश्रम में।।

तभी सुमित्रा बोल पड़ी

दीदी! हम दोनों से मन की बातें कहती

यदि राजा, बेटा भरत ही बनते तो

क्या हमें कम खुशी होती।।

चारों का लालन-पालन

शिक्षा वही तो करती हैं

कौन किस योग्य बना

ज्यादा वही समझती है।।

तब उसका वरदान माँगना

नहीं बात समझ में आयी

राम जाये गहन वन को

नही रहस्य यह समझ पायी।।

तरह तरह की अफवाहें

लगी फैलने चारो ओर

जितनी मुँह उतनी बातें

नगर में मचे कोलाहल शोर।।

जनता में बढ़ता रोष देख

अफवाहों का बाजार देख

कहीं उपद्रव बढ़ न जाये

कुलगुरू चिन्तित हुए।।

महामंत्री, सेनापति के संग

बैठ गुप्त निर्णय हुआ

ननिहाल गये भरत को

कैकय देश से बुलवाया गया।।

राजा बनने को उनको

किसी तरह मनाया जाय

एक अनहोनी हो ही गयी

दूसरे को रोका जाय।।

मिलते ही खबर राम सीता

पिताश्री की आज्ञा मान

तैयार हुये वन जाने को

यही था विधि का विधान।।

राम चले वन को

लखन सिया को संग लिये

भेष धरे तपस्वी का सब

सुख-सुविधा का त्याग किये।।

चारों तरफ रहे खुशियाँ

ईर्ष्या को नहीं बर्दाश्त हुआ

काटो की टहनी में सुन्दर

कैसे फूल गुलाब खिला।।

तभी मिला संदेश गुरु का

जल्दी अयोध्या वापस आओ

किस संकट में घिरी अयोध्या

कुछ तो कहो, कारण मुझे बताओ।।

क्यों तेरा है मलिन मुख-मंडल

क्यों पलकें तेरी भींगी हुयी

नजर मिला कर मुझसे बोलो

क्यों गर्दन तेरी झुकी हुयी।।

अपशकुन की बातें क्यों मेरे मन में आती हैं?

क्यों तातश्री, भैया, भाभी, लखन की याद सताती है

ऐसा तो पहले हुआ कभी न मन क्यों मुझे भरमाता है

जो कहना है जल्दी कह, हृदय बैठा जाता है।।

होते देख अधीर भरत को

दूत अपने को रोक न पाया

जो कुछ हुआ अयोध्या में

सब उसने भरत को बतलाया।।

हाय पिताश्री, भैया, भाभी

कहाँ मेरे प्राण लखन हो

चीत्कार उठे भरत कह

जैसे चुभ गया खंजर हो।।

अरे तू कैसी है जननी? यह तूने क्या किया?

दिखा न पाऊँ और किसी को, ऐसा तूने जख्म दिया

हे भैया क्या तुमको भी, भरत पर विश्वास नहीं

दुनिया मुझको न समझे पर आपको भी मेरा पहचान नहीं।।

भैया, भाभी के चरणों की ख़ातिर

एक नहीं सौ राज-मुकुट ठुकरा दूँ

जी करता है जिसने किया ऐसा

उसे सुरलोक की राह दिखा दूँ।।

बैठ रथ पर भरत चले

पवन गति से अयोध्या को

एक नया अध्याय लिखने

भाई से भाई का प्रेम बताने को।।

राजमहल का क्रन्दन सोच मन सिहर उठता था

तातश्री का साया हटना, भय विकराल लिये था

बड़ी और छोटी माँ को कौन सम्भालता होगा

अनुज शत्रुघ्न और उर्मिला का कौन सहारा होगा।।

सबसे ज्यादा मान सम्मान माँ तेरा इस नगरी में था

लाड़ प्यार और दुलार मेरा ही सबसे ज्यादा था

बदले में क्या दी, नहीं माफ तुझे इतिहास करेगा

कुमाता बन जाओगी मैने नहीं सोचा था।।

भरे खिले बगिया का

क्षण भर में सर्वनाश किया

नरक भी तुझको कम ही है

अरे महाघोर अपराध किया।।

भरत पहुँचे अयोध्या गये बड़ी माँ कौशल्या के पास

चरण लगे धोने माँ के बहा अश्रुवन की धार

मत करो दया इस अधम भरत पर

मैं अपराधी तेरा, दे बिन सोचे शाप॥

रघुकुल में जो हुआ कभी न

और जो कभी न आगे होगा

इसी बात का दुख है माँ

इस दुख का कारण भरत बना॥

तु मुझ पर विश्वास करो माँ

मेरा इसमें तनिक भी नही सहभागा है

हर पल मुझको धिक्कार रहा मन

रे नीच भरत! तू बड़ा अभागा है॥

रंच भर भान पहले हो जाता

मैं उनकी जिह्वा काट कर रख देता

इष्ट देव के ऊपर दुख आने से पहले

तीनों लोकों में माँ! उथल-पुथल मैं कर देता।।

माँग के सिन्दूर की खातिर नारी कुछ भी कर सकती है

अब तक यही है जाना, वो भगवान से लड़ सकती है

हे नरक-गामिनी कैकेयी तूने यह क्या कर डाला

श्वेत धवल नारी चरित्र को, स्याह कलंकित कर डाला।।

तुमने यह तनिक नहीं सोचा, राजन का प्राण हैं जिसमें बसता

उसी प्राण को दूर किया, तेरा सिन्दुर कहाँ से बचता

'जैसी करनी वैसी भरनी' तेरे लिये सही है पापिन

उन दोनों माताओं को भी क्यों विधवा बना दिया।।

हे तातश्री आपको भी अपने भरत पर विश्वास नही

होता भी कैसे मैने नीच गर्भ से जन्म लिया

क्यों इतनी जल्दी कर दी इस माया लोक से जाने में

तनिक ठहर कर जान लेते, मेरे मन की अभिलाषा।।

बहते नयनों को पोंछ कौशल्या ने

भरत को उठा, छाती से चिपकाया।

तुम्हारा इसमें दोष नहीं मैं जानू

तेरा मन है क्यों भरमाया?

तू अपने को दुखित न कर और न ही दोषी मान

तू निश्च्छल, निर्मल, कोमल, जग को है पहचान

मैं माँ तेरी तुझ को और मझली को जानूँ

वह तुमसे बढ़कर, राम पर सदैव रही कृपालु।।

कैकयी तेरी माँ है बेटा, वह अहित नहीं कर सकती तेरा

निश्चित् कहीं षड़यंत्र हुआ है या किस्मत का है फेरा

नारी का जीवन सिन्दुर है और बच्चों की किलकारी

यह जो घटित हुआ, यह विषय है विस्मयकारी।।

तू रहा कहाँ मझली के पास

जो तू उसको जानसके

राम की ममता में, पागल थी वो

तू उसको कैसे पहचाने।।

माँ में खोट निकाल, दुखित करना अपराध है

पहले जान हकीकत, क्या छुपा हुआ है राज

है अभी उसे जरूरत तुम्हारी तुम जाओ उसके पास

मै सुमित्रा जान रही हूँ वह बिलकुल है निरपराध।।

यह पूर्व जन्म का है या कब का श्राप

या कभी हुआ है हम तीनों से पाप

जो वैधव्य जीवन पुत्र, वधू वियोग

सहना होगा तभी कटेगा श्राप।।

गुरू वशिष्ठ सभी सामंतो ने भरत को समझाया

माना कि यह दुख बड़ा, पर इसको सहना होगा

कुछ पल के लिये ही अपना दुख भूल

लोका चार निभाना होगा।।

राजन का दाह संस्कार सम्पन्न हुआ

भरत का चित्त और अशान्त हुआ

वे राज महल में रहने को तैयार नहीं

माण्डवी का क्या दोष, कुछ सुनने को तैयार नहीं।।

कुल गुरू के चरणों में गिर

भरत विलख विलख कर बोले

आप तो सब से ऊपर हैं

मन की उलझन खोलें।।

यह नीच भरत कैसे बैठेगा

रघुकुल के पवित्र सिंहासन पर

राजा दिलीप, भगीरथ, पितामह

तातश्री बैठे हैं जिस पर।।

कैकयी शोक में डूबी हुई

मंथरा लाज से भरी हुयी

थी उद्विग्न दोनों सखियाँ

विघ्ना की मारी हुयी।।

दोनों के मन में आश जगी

सुन जायेंगे, भरत वन को

राम, सीये लखन को वापस लाने

चले संग दोनों अपना पाप घटाने को।।

क्या सोचा था क्या हुआ

रघुकुल आज अनाथ हुआ

दो पुत्रों और वधू को वन भेज

अपना ही माँग उजाड़ लिया।।

रानी पूछे मंथरा से यह जान

तुझको नहीं आश्चर्य हुआ

कुलगुरु क्यों चुप रहे, क्या

उन्हें तनिक भी नही भान हुआ।।

चले भरत अग्रज को मनाने साथ लिये चतुर्दिक सेना

जहाँ मिलेंगे प्रभु हमारे, वहीं राज्याभिषेक है करना

कुलगुरू, शत्रुघ्न, मंत्री तीनों माताएँ भी साथ चलीं

जो सुना वही चला, पूरी अयोध्या साथ भयी।।

पहुँचे भरत शृंगवेरपुर भील राजा की सीमा में

गुह के सैनिकों ने बढ़ते भरत को रोक लिया

तुम हो कौन, बिना लिये अनुमति मेरे राजन के

कैसे सीमा के अन्दर आनेका दुःसाहस किया।।

हो सावधान, भूल कर भी न करना जोर जबरदस्ती

हम नही विलम्ब करते, जान देने और लेने में

पहले तुम अपना नाम, धाम बतलाओ, इस विशाल

सेना ले आने का कारण क्या है तेरे मन में।।

हे प्रहरी मत हो क्रोधित मैं सूर्यवंश का

दशरथ नन्दन हूँ भरत, अनुज प्रभु श्रीराम का

मेरे ही कारण लखन सीता सहित प्रभु वन को आये

मेरी मदद कर भक्ति तू कर ले लखन सीता श्रीराम की।।

संग उनके जनकनंदनी, माँ स्वरूपा भाभी हैं मेरी

वह साधारण नारी नहीं चाँद और सूरज करते उनकी फेरी

प्राणों से प्यारा अनुज हमारा रहता हरपल उनके संग

गौर वर्ण दमकता चेहरा है, उसका नाम लखन।।

हे प्रहरी! मत हो क्रोधित तेरा फर्ज समझता हूँ

कर्तव्य बोध से आप का भाव समझता हूँ

बिन आज्ञा सीमा में प्रवेश नही मैं करता

अपने किये अपराध पर पश्चात्ताप मैं करता हूँ।।

हे मित्र जा राजा गुह से कहना

कुलगुरू, दुखिया भरत परिवार सहित

युद्ध करने नहीं याचक बन आया है

सदियों का सम्बंध पुराना, मदद मांगने आया है।।

भरत का अनुनय विनय सुन

सरदार मन ही मन द्रवित हुआ

दूत को आदेश दिया, जाओ

जो देखा राजन को बतलाओ।।

अशान्त चित्त को शान्त कर, सरदार धीरे से बोला

मेरी विवशता को आप सब को समझना होगा

मेरे राजा से अनुमति मिलने तक

आप सब को यहीं ठहरना होगा।।

ले संदेश दूत चला गुह को हाल बताने

ये कैसे राजा हैं जो यद्धु के बदले याचक बनकर है खड़े

संग हजारों सेना इनके चेहरा से भी दर्प दमकता

तो फिर इतना दुख्यारी क्यों है किस भ्राता का नाम धरे।।

खुद से तर्क-कुतर्क करते, दूत पहुँचा राजमहल

राजन का दरबार लगा था, थे सभी भील सामंत सदल

सबकी नजर उठी दूत पर, है क्यों इतना घबराया

सभी स्तब्ध चुप बैठे थे, दूत ने सब हाल सुनाया।।

राजपुरुष सा दिखता है तपस्वी का है वेष धरे

जैसे अपने प्रभु हैं दिखते वह भी उनका प्रतिरूप लगे

परिचय में बोले मैं कपूत भरत दशरथनन्दन

अश्रु बहे नयनों से उसके राम-सीता नाम धरे।।

किस राह गये हैं प्रभु, बस उनका पता वह पूछ रहा

जैसे मृग कस्तूरी खोजे, वह इतना व्याकुल लग रहा

बदले में जो मांगो चरणों में रख दूँगा

राम के वन जाने का खुद को ही दोषी मान रहा।।

दूत की बातों को सनु सबके मन में होने लगा उथल-पुथल

कैसे निर्णय हो भरत का मन है शीतल

कि प्रभु को अकेले समझ, छल से बन्दी बनाने आया

कि सच में भातृ प्रेम में उनको मनाने आया।।

सभी सामंतों के साथ मंत्रणा कर निर्णय हुआ

भरत के अन्दर का भाव समझना होगा

वाद - विवाद से अच्छा होगा भोजन से

उनके मनका भाव समझना होगा।।

सेना को साथ ले चलना शायद हितकर न हो

दरबार सहित वहाँ चलना, वह भी हितकर न हो

विश्वसनीय जनों को ले साथ चले भील राजा

मिलने भरत से अनजाने में कोई अहित न हो।।

निरामिष और तामिष दोनों भोजन तैयार हुआ

कन्द मूल फल भी साथ ले चलने का आदेश हुआ

तय हुआ यदि भरत से कपट का तनिक भी भान होगा

जग में नहीं हुआ वह युद्ध भयंकर होगा।।

ज्यादा देर यहाँ और रुकना मुझसे नही हो रहा बर्दाश्त

रोक मुझे न और सखे, मेरे प्राण निकल जायेंगे

तू नहीं जानता श्रीराम बिना मेरा कोई अस्तित्व नहीं

लगता तन भी साथ छोड़ रहा, मेरे वश में है कुछ नहीं।।

दुत के लौटने में देर होती देख भरत अधीर हो बोले

हे भाई मुझे आप के राजा पर तनिक नही अविश्वास

जिनके दर्शन खातिर मुनियों की अँखियां प्यासी हैं

उनके घर प्रभु खुद पहुँचे हैं वह महान बड़ भागी है।।

मेरे आगे जाने से आपका कर्तव्य कलंकित नही होगा

प्रभु से भक्त को मिलवाने से आप का मान और बढ़ेगा

न जाने किस हाल में माँ जैसी भाभी होगी

किस हाल में मेरा भाई लखन होगा।।

कुछ दूर में दूत के संग आते

कुछ लोग दिये दिखलाई

पहचान अपने राजन को सरदार

सावधान करने को ऊंची आवाज लगाई।।

गुह को आते देख भरत

अपने को न रोक पाये

दौड़ चले राजन से मिलने

झुक कर शीश झुकाए।।

गुह से मिले गलबाँही

नयनों से नीर बहे

किं-कर्तव्य विमूढ़ राजन

कैसे भरत को शान्त करे।।

ले हिचकी भरत रुक-रुक कर बोले

हे भाई मेरे मन में कोई पाप नहीं

मैं नाना के घर नानी के संग खुश था

माँ के षड़यंत्रों का था तनिक भी भान नहीं।।

राज्य पाना ही मेरा सपना होता

क्यों मैं तेरे चरणों में याचक बनकर आता

देखो मेरे कुलगुरु ये समस्त अयोध्या नगरी है

अनुज हमारा शत्रुघ्न यह क्यों रोता फिरता?

गुरु वशिष्ठ और माताओं के

चरण छूकर आशीष लिये

जैसे लगा भील राजा को अन्तर्मन

जनम जनम धन्य हुये।।

हे भाई अबदेर न कर

पहले ही बहुत विलम्ब हुआ

ले चलो मुझे मेरे प्रभु के पास

आज से और तुम्हारा साथ हुआ।।

भरत को भील राजा ने सान्त्वना दे, आश्वस्त किया

आपकी निश्छल वाणी सुन संदेह हमारा दूर हुआ

राम सीता की महिमा हम जान चुके, एक पल में

जाने कैसे सब जीव, अहिंसक भील हुए।।

चारो ओर अंधेरा छाया

सूर्य करने विश्राम गये

जब इतनी घड़ियाँ बीत गयीं

बस आज रात भर धीर धरें।।

रात में इतने जन को हम

गंगा पार करा नहीं सकते

भेज केवट को संदेश सुबह

सहस्र नाव मंगा लेंगे।।

आप हमें भाई माने है तो

मेरा भी कुछ कर्तव्य बने

बहुत दूर से आये हैं, थके होंगे

आतिथ्य मेरा स्वीकार करें।।

सभी वरिष्ठ जनों का यथोचित

ठहरने का उत्तम प्रबंध हुआ

सैन्य जनों के संग आये थे जो नर नारी

आतिथ्य भाव से सबका सत्कार हुआ।।

चकित सभी थे भील राजा के भाव देख

रुचि अनुसार सभी का भोजन प्रबंध हुआ

एक-एक शिविर में जाकर इंतजाम थे देख रहे

सब के चेहरे पर संतोष देख गुह का मन प्रसन्न हुआ।।

इन सब से दूर भरत अलग बैठे थे

चुपचाप अकेले ध्यान मग्न तरु की ओट लिये

जैसे माँ से बिछड़ा बच्चा ढूँढ रहा

थक हार गिरा बेसुध हुये।।

आधा धोती कमर में लिपटा

आधा से तन ढका हुआ

नंगा पैर था लहू-लुहान

माथे पर लट बिखरा हुआ।।

भील राजा को देख भरत खड़े हुये

हाथों में ले हाथ फिर गले मिले

मुझे ले चलो भइया के पास

अश्रु नयन बरसाने लगे।।

गुह ने भरत को शान्त किया

आदर पूर्वक उनको बैठाया

प्रभु श्रीराम का स्मरण कर

खुद व्याकुल हो आया।।

चहुँओर खबर पठा दी हमने

नौकाओं को तट पर लाने को

इतनी बड़ी सेना के संग जाना है

सबको पार लगाने को।।

सामिष और निरामिष भोजन के संग

कंद मूल फल ले आया हूँ

रूचिकर लगे भोग लगायें

करने तृप्त नयन मैं आया हूँ।।

'किन्तु, परन्तु' कुछ भी नही

कुछ तो खाना ही होगा

अहो भाग्य! मेरा है यह

फिर जाने कब आना होगा।।

गुह के अनुनय-विनय देख

भरत एक बेर उठाकर मुँह धरे

कंधे पर रखते हाथ गुह के

कमल नयन झरने लगे।।

अब तक मुझे नहीं पता भैया भाभी और अनुज का

जाने किस हाल में होंगे, कुछ खाये होंगे या होंगे भूखे

नंगे पांव इस कठोर धरा पर जाने कैसे चलते होंगे

हे सखे, राजा का सम्मान दे और न गिराओ मुझे।।

चेहरे से बहुरूपिया कोई लाख रूप धरे

भेष बदल चाहे वह जितना स्वांग भरे

पर खाने की रूचि जो कुछ भी करती है

मन के अन्दर का भाव बता देती है।।

भाई से भाई का प्रेम देख

गुह का संशय दूर हुआ

सामने थी जो विकट समस्या

प्रभु प्रेम देख दूर हुआ।।

गर्भ काल से ही माँ के आचार-विचार और संस्कार से

बच्चों की दीक्षा शुरू हो जाती है

ऐसे पावन, निश्छल, स्वच्छ भरत की जननी

कलुषित विचार की होगी, विश्वास नहीं होता है।।

निश्चय ही यह परिवार पूर्वज के

गलती का दोष भुगत रहा

ऋषि-मुनि या किसी दुखिया का

श्राप से अभिशप्त हुआ।।

सब उस पार उतर आये गंगा के

केवट राज के प्रयत्नों से

त्रिवेणी का तट गूँज उठा

हर-हर गंगे के नारों से।।

संगम के तट भरद्वाज मुनि शिष्यों के संग रहते थे

वयोवृद्ध, महान ज्ञानी, घोर तपस्वी

सृष्टि की रचना कैसे बची रहे अक्षुण्ण

भूत, भविष्य, वर्तमान की गणना करते रहते थे।।

रामायण का भरद्वाज मुनि को पहले से था ज्ञान

तपोबल से भरत के आने का था भान

कछु दिन पहले ही श्रीराम, लखन, सीता के सगं आये थे

ऋषियों की भक्ति से खुश हो, प्रभु दर्शन देने आये थे।।

प्रयागराज की महिमा सुन, त्रिवेणी में प्रभु को

डुबकी लगाने का लोभ उभर आया था

कुल पितरों के नाम अर्पण तर्पण

भरद्वाज मुनि ने करवाया था।।

भरद्वाज मुनि के बारे में, भरत जान चुके थे

लज्जा के कारण मुनि के सम्मुख नहीं जा पाते थे

शिष्यों से सुन मुनि दौड़े भरत के पास आये

तेरा नाम ही भक्ति है तुझको शोक कहाँ से आये।।

माण्डवी के संग अनुराग-विराग आखेट अरण्य को जा

अयोध्या में रह राम, लखन सीता का इन्तजार करते

मै जानता हूँ, तुम राज सिंहासन पर बैठ राज भी करता

तो भी सच मानो, तेरा दोष तनिक न होता।।

तूने तो कैकयी को बहका यह वरदान नहीं मँगवाया है

तुम पश्चताप की अग्नि से बाहर निकलो

तुम निश्छल, पाक, धवल यह संसार जानता है

माँ के पापों का फल संतान भोग रहा है।।

धर्म-शास्त्र और नीति शास्त्र के किसी कोण से

तुम पर रत्ती भर का दोष नही आता है

तुमने तो भक्ति का मार्ग जग को बतलाया है

कोई नहीं कर पाया, जो तुमने कर दिखलाया है।।

आ उठ, संताप छोड़ वक्त नहीं दुख करने का

तेरी भक्ति देख प्रभु भी नतमस्तक हैं

वे तेरे प्रेम में व्याकुल सुध-बुध खो बैठे हैं

तुझसे ही मिलने को आतुर चित्रकूट में बैठे है।।

मुनि की बातों को सुन भरत का मन कुछ शान्त हुआ

'किन्तु परन्तु' अब भी अन्तर्मन में लगा हुआ

जैसे जलधि विवश हो जाता है पूनम की रातों में

उठते जल तरंग, लहरों को वश में नहीं रख पाता।।

वही हाल भरत का था फिर कर निश्चय

भरद्वाज मुनि के आश्रम से सब को संग लिये चले

भैया, भाभी, भाई लखन से मिलना है

उन सबसे चाहे जैसा व्यवहार मिले।।

भैया भाभी का दिल जानूँ पर लखन बड़ा क्रोधी है

भैया के वो प्रेम में पागल उसको कुछ भी बर्दाश्त नहीं

सर झुका खुद को अर्पित कर दूँगा चाहे जो वे करे

पाप किया मैंने तो दण्ड भोगने से अब क्यों डरूँ।।

इतना तो मै जानूँ भक्ति का इंतहान प्रभु लेते हैं

पर यह भी तो मैं जानूँ प्रभु मान भक्तों का रखते हैं

मिलते ही चरण में गिर अश्रु से पाँव पखारूँगा

अयोध्या वापस चलने की एक ही रट लगाऊँगा।।

तर्क वितर्क करते भरत चित्रकूट की ओर चले

सुध बुध सब खो बैठे, बस राम नाम का जाप करे

कई दिन रात बिते कदम नहीं रूकते थे

आ गयी बेर प्रभु मिलन का सबके मन हर्षित थे।।

दिखते ही मन्दारै पर्वत सब एक स्वर से जय-घोष करे

जैसे थकान मिटा सबका, सबके सब दौड़ चले

सीता मैया, भाई लखन मेरे प्रभु हैं राम कहाँ

रुकना है अब वहीं पे प्रभु की कुटिया है जहाँ।।

दूर पड़ी नजर भटकती, प्रभु शिला पर बैठे हैं

सामने मुनिगण विराजे थे पीछे लखन खड़े हुये

नजरें ढूंढ रहीं भाभी को, कुछ सशंकित हो आया

तभी कुटिया से निकली भाभी, हाथों में पुष्प लिये।।

अरे भरत देख सामने प्रभु तुम्हारे बैठे हैं

ध्यान मगन हैं जैसे इन्तजार में तेरे बैठे हैं

काठ मार खड़े जैसे हो, क्यों ग्लानि से सर झुका हुआ

महीनों से तू व्याकुल था, अब सपना तेरा पूरा हुआ।।

गुरु के समझाने पर भी कदम भरत के बढ़े नहीं

माताओं के कहने पर भी, नजर भरत की उठी नही

नगर वासियों का ताना याद कर सहसा भरत सहम गये

कैसे प्रभु के सम्मुख जाऊं कह, वहीं धरा पर बैठ गये॥

भरत नाम का संन्यासी, तीन माँओं और गुरू के संग

मन्दाकिनी नदी के पार हैं डेरा डाले हुये

साथ उनके चतुरंगी सेना, संग नगर के वासी हैं

कहते हैं अयोध्यावासी, सिया राम, लखन को लेने आये है॥

हम मूरख अज्ञानी, भील प्रभु हम सब को माफ करें

देखने में वो आप ही जैसे दूजा रूप लगे

कहते हैं की मैं अभागा भाई आप का लगता हूँ

जब से उनको देखा है, ले नाम आप का जाप करे॥

जिसके संग बड़ी सेना है, गुरु और माताएँ हो

फिर इतना वह दुखी क्यों है समझ नही आता

वे राजमहल में रहते बन के कहिं का राजा

किस कारण इतना व्यथित है तात् आपका भ्राता।।

लगता है कोई बड़ा अपराध हुआ है उनसे

शायद प्रायश्चित करने आये, दूर इतना वे चल कर

आपके सम्मुख आने को कतई वो तैयार नही

कह सबसे श्राप वे माँग रहे, जल मर जाऊँ, यहीं कहीं।।

भीलों का शोर सुन प्रभु का ध्यान भंग हुआ

आँखें खोल अचरज से बोले-क्यों शोर मचा है भाई?

फिर कहीं दैत्यों का उत्पात मचा, उजाडी़ मुनियों की कुटिया

भाई लखन तुम्हारी भृकुटी क्यों है इतनी तनी हुयी।।

सुनते नाम भरत का लखन चिल्ला कर बोले

भरत की इतनी हिम्मत चढ़ यहाँ तक आया

राज वैभव से जी न भरा तो ले संग अयोध्या की सेना

वनवासी, कमजोर समझ बन्दी बनाने आया।।

तातश्री की प्रतिज्ञा से बँधे हम चुपचाप चले आये

रघुकुल की मर्यादा खातिर सब त्याग चले आये

भैया तो पुरूषोत्तम हैं सुख-दुख मोह से उपर हैं

रिश्तों का पाठ पढ़ाने खातिर सब छोड़ चले आये।।

लगता है भरत हमारी विनय और मर्यादा को

कायर, मूर्ख और धर्म भीरु समझ बैठा

मन करता है उठा धनुष तरकश पर वाण चढ़ालूँ

पल भर में यमलोक भेज, अधर्म का दण्ड उसे दे डालूँ।।

भरत का नाम सुन प्रभु का प्यार उमड़ आया

जैसे भक्त की भक्ति से अनुराग निकल आया

सुन भीलों की बात,आँखे उनकी भर आयीं

बोल पड़े श्रीराम, कहाँ हो मेरे भाई?

राम-सीये का भाव समझ सौमित्रि गये शरमा

भरत को मैं भी कोई दुख दूं ऐसी मेरी सोच नहीं

श्रीराम सीता की सेवा ही मेरा लक्ष्य सदा है

कोई उसी ईष्ट को पीड़ा दे, यह मुझको सहन नहीं।।

लखन का भाव समझ प्रभु हृदय लगा कर बोले

तुम मेरी शक्ति हो तुमको जग इसी नाम से जाने

पर भरत के आने का कारण पहले जानना होगा

फिर विचार कर आगे कुछ करना होगा।।

यदि उनका मकसद हम सबसे युद्ध करना होता

तो सेनापति के संग, सिर्फ चतुरंगी सेना लेकर आते

हे अनुज भीलों ने बताया वो संग माताओं और गुरु

नगर वासियों के साथ यहाँ नही वो आते।।

वैभव जीवन त्याग बीहड़ में नंगे पाँव

जटाधारी मुनियों का वेश नही वो धरते

सिर्फ नाम लेते हम सबकी हुई क्षीण काया

बन दीन नहीं, वो आँखों से नीर बहाते।।

इतना कह प्रभु दौड़ चले जहाँ खड़े भरत थे

नयन भर आये दोनों के व्याकुल हृदय हाहाकार करे

मेरे भरत कहाँ हो तुम, बिन तेरे राम अधूरा है

कब से थी दोनों अँखियां तेरा इंतजार करें।।

पुष्प-वृष्टि होने लगी वृक्ष हुए कचनार

प्रेम और भक्ति का मिलन देख आकाश से शंखनाद हुआ

पशु-पंक्षियों के संग वनदेवी भी झूम उठी

नाच उठे ऋषि गण सब ऐसा शुभ दिन आया।।

दोनों एक दूजे को कभी गलबाँही ले, पर बोल नहीं पाते थे

चुपचाप निहारे एक दूजे को, भाव समझ जाते थे

भक्त के आगे देव ने हार अपनी स्वीकार की

प्रिय जन के आशीषों से आँखे जल बरसाती थी।।

कुलगुरू ने आगे बढ़ दोनो का चित शान्त किया

माताओं के देख सामने प्रभु का मन विचलित हो आया

चरण धूलि लेते ही जनक सुता सिसक उठीं

लिपट गयी माताओं से जैसे ही आँचल की छाँव मिली।।

बेसुध हो मातायें गिरीं हाहाकार चहुँओर हुआ

कुल का हाल देख दिनकर भी बादल की ओट छूपे

जो बोले सबकि आँखें बोलें, सबकी बोली मूक हुई

जेसे काठ मार गया हो सबको, जो था जहीं।।

दोनों का मन शान्त हुआ, कुशल क्षेम सब हाल हुआ

संग आये नगरवासी, सेनाओं और सभी अग्रजों का

मुश्किल लगता था सबको पर प्रभु-माया से

सबका ठहरने, खाने का यथोचित प्रबंध हुआ।।

प्रभु जानते थे इतने जन का उचित ढंग से प्रबंध

ये वनवासी नहीं कर पायेंगे

वनदेवी भी चाहकर कहाँ से क्या कर पायेंगी?

कुछ करना होगा वरना सब भूखे रह जायेंगे।।

मन्द सुगन्धित हवा चली, इठला उठी मंदाकिनी

भँवरे करने लगे गुंजार, रंग-विरंगे फूलों की

ऋतु का बंधन तोड़, वृक्ष हुये फलदार

चारो दिशायें गूंज उठी महिमा श्रीराम की।।

दर्शन होते श्रीराम का सब तन-मन की व्यथा भूल गये

जंगल का भय त्याग सभी निश्चिंत हो सो गये

कई दिनों के बाद हाथों से जैसे दूध भात खाया हो

लगता है जैसे बिछड़े बालक ने माँ का आँचल पाया हो।।

अपनी कुटिया से बाहर ध्यान लगा प्रभु राम पर

एक अकेला जाग रहे थे भरत बैठे शिला पर

मन का भाव बदलता पल-पल किंतु- परंतु का ज्वार उठे

लगता है भैया का विश्वास नहीं रहा अब मुझपर।।

एक बार पूछ तो लेते, बोल भरत तेरी मंशा क्या है

नही रोकता उनको फिर चाहे मरजी जो वो करते

यह राज सिंहासन क्या तन मन उन पर अर्पित कर देता

पर इस तरह घुट-घुट कर मरने से बच जाता।।

किस मुँह से तुझको बोलूं ये नरक-गामिनी कैकेयी

वरदान माँगने से पहले तेरी जीभ क्यों नहीं कट गयी

तू नही जानती ये जनक नन्दिनी परमेश्वर की शक्ति हैं

यह राम नहीं नारायण हैं, तू जिसकी करती भक्ति है।।

तभी भरत के माथे पर स्नेहित हाथों का भान हुआ

लगा जैसे तातश्री का प्यार भरा दुलार मिला

ध्यान टूटा देखा सामने, सीता-राम की जोड़ी है

तु निष्ठुर कब से हो आया देख, तेरी भाभी यहाँ खड़ी है।।

हुआ अचरज सभी को, गुरु के संग माताएं आ पहुँची

नही किसी को नींद लगे, सब थे व्यथित और दुखी

बारी-बारी राम-सीता सबको दडं वत कर आसन पर बैठाया

पश्चात्ताप क्रोध से भरे भरत, कैकयी के पास नहीं गये।।

भरत कभी गले मिलें

कभी चरणों में गिरे अग्रज के

मत ढोंग करो निष्ठुर बनने का

बोले लखन का हाथ पकड़ कर।।

तुम भाभी! क्या सोच रही

तुझे माँ समान मैंने पूजा

आप ही भैया को समझायें

मैं वही भरत, नहीं दूजा।।

इस मूढ़ा माँ के कहने से

आप भी मुझको भूल गयीं

ननिहाल गया क्या मैं,

किस्मत ही मुझसे रूठ गयी।।

अबतक माताओं में कोई एक दूजे की सौत नहीं थी

न हम चारों में था कोई सौतेला भाई

अचानक कैसे सिर्फ मेरी माँ बन गयी कैकयी

इस परिवार में उसने इतना भेद करवाया।।

पुत्र मोह तो सबसे ज्यादा उनको आप से था

थे आप ही उनके कंठहार, पाया सबसे ज्यादा प्यार

आपसे ही सुबह होती, होती उनकी शाम

जीवन का मकसद था उनका प्यारा राम।।

याद आपको है भैया जब हम पीड़ा का नाटक करते थे

वे व्याकुल कितना हो जाती थी, लगती राजमहल सर उठाने

दास दासियों को क्या पिताश्री और माताओं को

देख भाल में त्रुटि गिना लगती थी सबको दोष देने।।

गुरु वसिष्ठ के समझाने का उनपर असर न होता

वैद्यराज कहते सब ठीक है पर वे कहाँ सुनतीं?

जबतक आप खेलने, कुछ खाने नहीं लगते

तबतक वह भी अन्न-जल ग्रहण नहीं करती।।

आज वही कैकयी कैसे इतना बदल गयी

यह अबूझ पहेली मेरी बुद्धि समझ नहीं पायी

किसकी नजर लगी इस हरी-भरी बगिया को

खुद कलंकित हो गयी, मुझको भी करवायी।।

अब चलो अयोध्या बहुत हुआ और कितना सहोगे

पाप हुआ है मुझसे, तुम क्यों लाज भरोगे

क्यों मूक बने क्या देख रहे हो, हे अन्तर्यामी बोलो

संग भाभी हैं भाई लखन, इनका भी कुछ सोचो।।

मेरे अग्रज ही नही आराध्य, इष्टदेव तुम्हीं हो

मेरे जीवन का साध्य, लक्ष्य एक तुम्हीं हो

बस सनिध्य मिले सिंहासन क्या जग का मोह नहीं है

सेवक भरत हूँ मै यह आपसे छुपा नहीं है।।

भरत की बातों को सुन सीता का हृदय धिक्कार उठा

कुछ कर दृढ़ निश्चय, आगे बढ़ वे बोली

हे नाथ, भरत को अब वह राज बताना होगा

मझली माँ का दोष नहीं, ये सच सामने लाना होगा।।

कहीं भरत कुछ अनर्थ न कर बैठें, उन्हें समझाना होगा

जो कुछ घटित हुआ है अयोध्या में उन्हें बताना होगा

सच्चाई को जान भरत, वही पावन मूरत हो जायेंगे

कोमल हृदय हैं उनका, उनकों माँ का त्याग बताना होगा।।

हे नाथ अब देर न कर देख मेरा पुत्र कैसे विह्वल हो रहा

देख प्रेम इनका, मेरी छाती में है दूध उतर रहा

पुत्र प्रेम में हो अंधी मैं ही कुछ न कर बैठूं

चलो अयोध्या वापस मेरा ही मन डोल रहा।।

तब इस धरती पर आने का प्रयोजन निष्फल हो जायेगा

असुरों के ताकत के आगे नाश मनुष्य का हो जायेगा

धर्म, सत्य, मानवता विहीन इस धरा का क्या मतलब

अब दरे न कर, सच कह वरना महा अनर्थ हो जायेगा।।

हे प्रिय, भरत को आप ही कुछ समझायें

भाई और मातृप्रेम का अन्तर इन्हें बतलाएँ

खुद से बढ़कर माँ को मान दिया प्रभु ने

वह दोष क्षम्य है जो माँ करती पुत्र प्रेम में।।

खुद हो कलंकित, आप हेतु यश का मार्ग प्रशस्त किया

आप और हम जानें मझली माँ ने जो किया

देवर जी से सच कह दो है माँ का नहीं कोई सानी

न होगा और जग में उन-सा कोई बलिदानी।।

यह भी सच है इतिहास, उन्हें कभी माफ नहीं करेगा

लाख समझाये पर नहीं कोई यह मानेगा

विश्वास करेगा जग जो उनके दिल में बैठ गया

पर निरपराध को दोषी कह जग यह अन्याय करेगा।।

जिस दिन माँ का बेटे से

बेटे का माँ से विश्वास टूटेगा

नही रहेगा, रिश्ता नाता

सृष्टि का बंधन नही बचेगा।।

नहीं शोभा देता है तुमको

इतना विचलित होना भाई

तुम कर्मयोगी हो वैरागी मन से

उठो नहीं अच्छा हठयोगी होना।।

तुम जानों, मै जानूं, हे कालजयी

अपने अक्ष पर पृथ्वी घूमें फिरे

इस खगोल नक्षत्र बचाने खातिर

हमने कई-कई रूप धरे।।

तातश्री माँओं की इच्छा से

मेरा राज्याभिषेक हो जाता

तुम्हीं कहो हम सबका यहाँ

आने का क्या मकसद रह जाता।।

मझली माँ ने मेरा प्रस्ताव सुन

दुत्कारा मुझे फिर भगा दिया

हो क्रोधित आवेश में

मुझको क्या-क्या नहीं कहा।।

हे अनुज चित्त को शान्त करो

तनिक ठहर विश्राम करो

कुशल क्षेम ननिहाल का बोलो

फिर मेरी यह बात सुनो।।

मझली माँ का कोई दोष नही

नही धाय माँ मंथरा ने समझाया

सब खेल रचा यह मेरा है

नहीं किसीने उनको भरमाया।।

हे भरत, वन गये बिना

मेरा प्रयोजन सिद्ध नहीं होता

लखन सीता के बिना हमारा

कर्म पूर्ण नहीं होता।।

यह समय काल सब मैं ही हूँ

नहीं दोष है और किसी का

दोष ढूंढना ही है तुम को

समझो दोष समय का।।

हे भरत, क्लेश का त्याग करो

जा तातश्री का श्राद्ध करो

अपना फर्ज निभा कर

पितृ जन का सम्मान करो।।

शत्रुघ्न अभी छोटा हैं

वह राजनीति को क्या जाने?

कुलगुरु, महामंत्री सभी सामंत

सब मात्र तुम्हीं को पहचाने।।

तीनों माताओं के पास जा

ढाढ़स दे उनको समझाया

बहते आँसू पोछ राम ने

सबका चरण-स्पर्श किया।।

मझली माँ अब क्यों आप

यों उदास लाचार खड़ीं?

भाई सब कुछ जान गये हैं

कैसे सब कुछ घटित हुआ।।

यदि भरत कुछ बोल गये हैं

तो मुझ अपराधी को माफ करो

यह मानव जाति का दोष है माँ

निज का स्वार्थ आगे करो।।

इतना सुन भरत ने माँ कैकयी के

चरणों में सर डाल दिया

लक्ष्मण ने शंख-नाद कर

संकट टलने का संकेत दिया।।

क्षमा करो अब माफ करो

अपने इस अबोध भरत को

मुझसे बड़ा अपराध हुआ है

जननी का अपमान हुआ है।।

वे मेरे भाई मात्र नही

वे इष्ट देव मेरे सब कुछ हैं

उन पर संकट जब आया तो

मै अपनी सुध-बुध खो बैठा।।

उनके चक्र सुदर्शन से ही

काल समय सब चलता है

शक्तिपुंज हैं भाभी मेरी

ले आज्ञा सूरज चाँद निकलता है।।

शेषनाग का रूप लखन है

कितना वह बड़-भागी है

जीत लिया विश्वास ईश का

वह हर सुख-दुख का साथी है।।

धाय माय मंथरा को कैसे

समझ लिया मैंने वह दासी है

माँ का दिल दुखाने वाला

कोई मुझसे बड़ा न पापी है।।

देख भरत की वेदना, कैकयी का धीरज टूट गया

जैसे सुखी नदियों में जल का सोता फूट गया

निकला मुख से 'राम' और फिर 'भरत' नाम की गूँज हुई

सीने से लगा दोनों को माँ की ममता भी तृप्त हुयी।।